# Die wirtschaftliche
# Bedeutung des Wassergases
# für die Gegenwart.

---

Von

FRANZ SCHÄFER,
Dessau.

**München** und **Berlin.**
Druck und Verlag von R. Oldenbourg.
**1899.**

Die schon so oft erörterte Wassergasfrage ist seit einiger Zeit infolge der Einführung des Systems von Humphreys & Glasgow in Bremen und Hamburg und des Systems von Dellwik in Königsberg wieder einmal in den Vordergrund getreten und begegnet dem lebhaftesten Interesse der Gasfachmänner und Behörden, welche den Neubau oder die Erweiterung centraler Lichtwerke zu erwägen haben. In verschiedenen Veröffentlichungen, die in letzter Zeit über diese Frage herauskamen, hat sich aber auch jetzt wieder zu viel Richtigem und Wahrem so viel Halbwahres und Falsches gesellt, dafs es nötig erscheint, Spreu und Weizen zu sondern, damit irrige Anschauungen nicht erst durch unerfreuliche Erfahrungen berichtigt zu werden brauchen. Nächsten Anlafs dazu geben ein mit der Überschrift »Ein neues Leuchtgas« durch mehrere hundert deutsche Tageszeitungen gegangener Artikel über die Wassergas-Centrale in dem steyrischen Städtchen Pettau, sowie verschiedene andere Reklame-Artikel und -Broschüren neueren Datums.

Von altgewohnten Phrasen, wie »Umwälzung in der Beleuchtungstechnik«, »Verdrängung des Steinkohlengases« u. s. w., ganz abgesehen, enthielt der Artikel »Ein neues Leuchtgas« schon in seiner Überschrift eine unwahre Behauptung; denn was in Pettau hergestellt wird, ist einfach Wassergas, dessen Erzeugung vor rund 120 Jahren erfunden wurde, und wesentlich neu ist an der Pettauer Anlage nur die bei einer Centrale wohl erstmalige Durchführung eines Verfahrens, rohes Wassergas durch Waschen mit Schwefelsäure von gewissen Eisenverbindungen zu befreien, über dessen Notwendigkeit und nachhaltige Wirksamkeit übrigens die

Wassergas-Fachmänner noch keineswegs völlig einig sind. Indessen könnte man wegen dieser kleinen Übertreibung im Titel den Artikel unbeanstandet lassen; lebhaftesten Widerspruch fordert aber die in ihm enthaltene Überwertung des in Pettau verwirklichten Verfahrens und seiner angeblichen Vorzüge heraus. Diese wurden nämlich als so bedeutsam hingestellt, »dafs in naher Zeit kein Steinkohlengaswerk mehr gebaut werden dürfte«. (Die Börsenpresse knüpfte hieran schadenfrohe Bemerkungen über die Kommune Wien, die soeben ein grofsartiges Kohlengaswerk vollendet.) Gerade durch diese Wendung hat der Artikel vielfach Verwirrung angerichtet, u. a. in der schleswigschen Kleinstadt Kellinghusen, wo aber jetzt, nachdem eine Kommission nach Pettau gefahren war, doch kein Wassergaswerk, sondern vernünftigerweise eine Steinkohlengasanstalt des altbewährten Systems gebaut wird, ein Beispiel, das sehr zur Nachahmung empfohlen werden darf.

Es mag sein, dafs das in Pettau durchgeführte Verfahren gegen die älteren, für centrale Betriebe vollständig fehlgeschlagenen Wassergasverfahren einen Fortschritt bedeutet, aber das Leuchtgasverfahren wird es ganz bestimmt nicht verdrängen, nicht einmal beeinträchtigen. Auch die Stürmer und Dränger unter den Wassergas-Interessenten werden ebenso wie diejenigen unter den Elektrotechnikern noch merken, dafs die Stellung des Steinkohlengases doch sehr viel fester ist, als sie dachten!

Die schon vor Jahren und Jahrzehnten oft behauptete Überlegenheit des Wassergases ist eben — für centrale Licht-, Kraft- und Wärmeversorgung — nur scheinbar vorhanden; in den Tabellen, welche sie darthun sollen, sei es vom nationalökonomischen, sei es vom Standpunkt des Produzenten oder des Konsumenten aus, ist immer eine Lücke oder ein Fehler zu entdecken. Entweder werden Selbstkosten und Verkaufspreis miteinander verwechselt oder doch nicht in richtige Beziehung gebracht; oder es wird der Leucht- und Heizwert im Verhältnis zum Preise nicht gebührend gewürdigt; oder es werden bei der Steinkohlengas-Fabrikation die wertvollen Nebenprodukte leichthin aufser acht gelassen; oder man vergleicht einerseits praktische Betriebszahlen, anderseits Ergebnisse von höchst sorgfältigen Laboratoriums- oder Paradeversuchen; besonders beliebt ist auch die Einsetzung veralteter Werte für Steinkohlengas. So enthält z. B. der erwähnte Artikel über die Pettauer Anlage eine angeblich auf »amtlichen Angaben« (welches »Amt«, wird nicht gesagt!) beruhende Tabelle, welche den stündlichen Kohlenverbrauch verschiedener Beleuchtungsarten für eine Lichtstärke von 1000 Kerzen vergleicht und für Kohlengas-Auerlicht 2,1 cbm = 7 kg, für Wassergas-Auerlicht 1,5 cbm = 1,2 kg Kohle angibt. Hierin ist nun zunächst der Ansatz für Steinkohlen-Auerlicht veraltet und darum zu grofs; denn zur Erzielung von 1000 Kerzenbrennstunden braucht man mit modernen Glühkörpern nicht mehr als höchstens 1,5 cbm Kohlengas im Auerbrenner (und noch erheblich weniger, bis 1,0 cbm und darunter, in verbesserten Brennern), und diese 1,5 cbm erfordern unter Berücksichtigung der Verluste im Rohrnetz nur rund 5 kg Kohle in der Centrale. Dann aber, und dies ist in der »amtlichen Tabelle« und in den beigegebenen Erläuterungen vergessen, werden diese 5 kg Kohle nicht zu wertloser Schlacke und Asche verbrannt, wie beim Wassergasverfahren, sondern zu etwa 3,4, bezw. nach Abzug der Unterfeuerung zu etwa 2,8 kg wertvoller Coke; aufserdem liefern sie noch gewisse Mengen Theer, Ammoniak, Cyanverbindungen u. s. w. Ob nun in der Tabelle beim Wassergas der Rohrnetz-Verlust mit berücksichtigt wurde, ist nicht kontrollierbar; wahrscheinlich ist es, schon wegen mangelnder Erfahrung, nicht geschehen. Aber selbst wenn es geschehen wäre, so würde der Hinweis darauf, dafs das aus 2,2 kg Kohlenstoff (5 kg Kohle weniger 2,8 kg Coke) hergestellte Quantum Steinkohlengas (1,5 cbm) einen Heizwert von 7500 Wärme-Einheiten, die aus 1,2 kg Kohle gewonnene Menge Wassergas hingegen nur einen solchen von 3750 Wärme-Einheiten darstellt, vollauf genügen, um darzuthun, dafs die in der Kohle enthaltene Energie nach dem Pettauer Verfahren vom nationalökonomischen Standpunkt aus nicht günstiger ausgenutzt wird als beim alten Kohlengas-Verfahren.

Die Energie-Ausbeute ist eben bei dem alten Verfahren, wenn man die Nebenprodukte mitrechnet, so hoch, dafs sie praktisch kaum mehr überboten werden kann. Gas und Coke allein enthalten nach vielen neueren Betriebsergebnissen (Jahresdurchschnitten, nicht Paradeziffern!) über 80%, nach Abzug der Unterfeuerung noch immer über 70% des Heizwertes der Kohle; im Teer stecken weitere 5 bis 6%. Im ganzen kann die praktische Wärme-Ausnutzung bei der trockenen Destillation auf 80% und mehr veranschlagt werden. Da es nun unmöglich ist, chemisch-technische Prozesse ohne Verluste durchzuführen, so leuchtet ein, dafs nennenswert bessere Ausbeuten auch mit Wassergas nicht erreichbar sind.[1]) Die Nebenprodukte aber sind nicht, wie einzelne Wassergas-Interessenten behaupten, eine Schwäche der Leuchtgas-Fabrikation, sondern wie Herr Dr. Bueb auf der 39. Jahresversammlung des Deutschen Vereins von Gas- und Wasserfachmännern in Kassel am 19. Juni 1899 mit Recht betonte, ihre gröfste Stärke, und durch die neuerdings erzielten Fortschritte in ihrer Gewinnung ist der wirtschaftliche Vorsprung des Leuchtgas-Verfahrens noch erheblich vergröfsert worden.

Vom nationalökonomischen Standpunkt aus ist daher der Übergang zum Wassergas durchaus nicht von Vorteil begleitet, geschweige denn geboten. Nun wird aber behauptet, die Herstellung von Wassergas sei so viel billiger als die von Leuchtgas, dafs rein ökonomische Gründe seine Einführung anstatt oder doch zunächst neben

[1]) Bei der letzten Versammlung des Incorporated Gas Institute in London, Mitte Juni 1899, rechnete Herr C. Dellwik, der Erfinder des jüngsten Fortschritts im Wassergaswesen, für sein Verfahren mit einer Wärme-Ausbeute von 70% und sagte dabei, es sei schon mehr, über 75%, bereits erreicht. Bei derselben Gelegenheit wurde mitgeteilt, dafs der Halbwassergas-Prozefs von Dowson in einem bestimmten Falle nahezu 70% Wärme-Ausbeute gehabt habe, während der Erfinder als Maximum 82,7% erzielt haben wollte.

Leuchtgas rechtfertigen, ja sogar veranlassen müfsten. In dieser Hinsicht ist nun scharf zu unterscheiden zwischen reinem (»blauem«) und »karburiertem« Wassergas, obwohl von beiden Arten vorweg gesagt werden kann, dafs sie — immer centrale Betriebe vorausgesetzt — weder für den Produzenten, noch für den Konsumenten irgendwie wirklich für einen längeren Zeitraum als billiger nachgewiesen sind.

Erledigen wir zunächst in Kürze das reine Wassergas. Schon vor 20 Jahren wurde es von Quaglio als »Brennstoff der Zukunft« bezeichnet; es hat aber in dieser langen Zeit wohl in manchen industriellen Betrieben, also Einzelanlagen, aber so gut wie gar nicht für centrale Versorgung gröfserer Bezirke Verwendung gefunden. Die Versuche, die in Amerika gemacht wurden, reines Wassergas von Centralen aus zu verteilen, sind sämtlich finanziell gescheitert. (Vgl. W. v. Oechelhaeuser: »Die Steinkohlengasanstalten als Licht-, Wärme- und Kraftcentralen«, Dessau 1893, Baumann, 2. Aufl., S. 7, sowie Dr. H. Bunte und W. v. Oechelhaeuser: »Die Gasindustrie in den Vereinigten Staaten von Nord-Amerika«, München 1894, Oldenbourg, S. 28.) Grofse Centralen mit reinem Wassergas sind meines Wissens gegenwärtig nirgends in Betrieb; von kleinen Werken sind mir aufser Pettau, Radkersburg und Brummen (Holland) keine bekannt; Osterfeld, Warstein und Ibbenbüren sollen demnächst reine Wassergasanstalten bekommen. Dieses Gas hat nur halb so viel Heizkraft wie Steinkohlengas; es dürfte daher auch für Koch-, Heiz- und Kraftzwecke nur halb so viel kosten wie dieses, also etwa 4 bis 7 $^1/_2$ Pf. pro cbm, wenn der Konsument nicht schlechter fahren soll als mit Kohlengas. Dabei würde aber der Produzent sich schon ungünstiger stellen, weil er bei Wassergas keine Einnahmen aus Nebenprodukten hätte, während er jetzt nicht blofs durchschnittlich 8 bis 15 Pf. pro cbm für solche Zwecke verkauften Kohlengases, sondern noch weitere 2 Pf. oder mehr für Nebenprodukte erhält.

Über die reinen Erzeugungskosten blauen Wassergases liegen verschiedene neuere Angaben vor, die aber sehr stark voneinander abweichen. Herr H. Dicke berechnete sie in seinem Vortrag »Über Wassergas« in Düren am 15. April 1899, bezugnehmend auf die Ergebnisse der Königsberger Anlage, zu 0,7 Pf. pro cbm; dabei ist aber ein so geringer Dampfverbrauch angenommen, wie ihn keine Wassergas-Firma garantieren will; ferner ist für Arbeitslohn nur 0,108 Pf. pro cbm ausgeworfen, während nach dem Vortrag »Praktischer Betrieb mit karburiertem Wassergas« von Ch. F. Botley in Hastings (Journ. of Gas Lighting etc. 1899, I, S. 1278) die Löhne im Jahresdurchschnitt 0,5 Pf. pro cbm betragen haben[1]); ferner ist für Reparaturen nichts angesetzt und der Verbrauch beim Anfeuern des Generators und des Dampfkessels aufser Berechnung geblieben; auch für Wagenrangieren, Kohlenabladen und Coketransport ist in dem Posten nichts enthalten. Der Bericht über die Königsberger Anlage (Journ. f. Gasbel. 1898, S. 841) gibt die Kosten des Blaugases zu 1,3 Pf. pro cbm an, also schon nahezu doppelt so hoch wie Herr Dicke; aber auch diese Zahl scheint nur aus vollem Betrieb an einem einzelnen Tage herzurühren. Die Durchschnittszahl für den Jahresbetrieb mit vielfach eingeschränkter Leistung im Sommer fällt bei einer Centrale, die nur blaues Wassergas abgibt, unzweifelhaft noch etwas höher aus, auch deshalb, weil reines Wassergas mit Merkaptan, Carbylamin oder dergl. riechend gemacht und, wenigstens nach Herrn Dr. Strache, mittels Schwefelsäure von Eisenoxydverbindungen gereinigt werden mufs; es ist nach englischen Betriebserfahrungen sehr wahrscheinlich, dafs sie 1,5 bis 2,00 Pf. betragen wird, wohlgemerkt, reine Erzeugungskosten »bis zum Behälter«.[2])

---

[1]) Vergleichsweise sei bemerkt, dafs in Efslingen die Arbeitslöhne pro cbm Steinkohlengas mit horizontalen Retorten 1,8 Pfg., nach Einführung schiefliegender Retorten 1,18 Pfg. betrugen. Vgl. Journ. f. Gasbel. 1899, S. 142.

[2]) Auf 2 Pf. schätzte sie Herr C. Dellwik selbst in seinem Vortrag vor dem Schwedischen Techniker Verein am 10. März 1898 für einen Apparat von etwa 1800 cbm Tagesproduktion. Vgl. Chemiker-Zeitung 1898, S. 227.

Diese betragen bei dem doppelt so heizkräftigen Kohlengas nach dem von Herrn Dicke selbst mitgeteilten Beispiel (S. 11 und 12 des Sonderabdrucks) nach Abzug der Einnahmen für Nebenprodukte 3,58 Pf. pro cbm, also etwa doppelt so viel. Die reinen Selbstkosten bis zum Behälter sind daher, auf den Heizwert bezogen, bei Wassergas nicht geringer als bei Kohlengas.

Aber »mit den **Erzeugungskosten** ist es eben nicht abgethan; die **Verteilungs**kosten sind nahezu ebenso grofs und gröfser«.[1]) Durch diese, durch die unvermeidlichen Verluste, durch die notwendige Amortisation der Centrale und des teuren Rohrnetzes und noch andere Bedingungen (Selbstverbrauch, Steuern und Abgaben, Rücksicht auf Rabattgewährung) wird bei Kohlengas der meist 6 bis 8 Pf. pro cbm betragende Unterschied zwischen Erzeugungskosten und Verkaufspreis (für technische Zwecke) veranlafst. Wollte man annehmen, dafs all diese Posten bei reinem Wassergas nur 3 bis 4 Pf. pro cbm ausmachten, so ergäbe sich für technische Zwecke ein Verkaufspreis von 4,5 bis 6 Pf. für dasselbe. Dabei würde der Konsument nicht besser, sondern bei Krafterzeugung sogar schlechter fahren als mit Kohlengas bei einem Preise von 9 bis 12 Pf. pro cbm, und würde eine günstigere Stellung zum Wettbewerb gegen die gewöhnlichen Feuerungsanlagen in Industrie, Gewerbe und Haus nicht erreicht. 4,5 Pf. war in der That der Preis, den die in Amerika s. Z. in Betrieb gewesenen Heizgascentralen für ihr Erzeugnis erhoben, wobei sie aber nicht prosperierten und auch kein nennenswert gröfseres Absatzfeld sich erschliefsen konnten, als bei uns die Leuchtgasanstalten für Heiz- nud Kraftzwecke haben.[2]) Die von Quaglio, Geitel u. a. mehrfach ausgesprochene Erwartung, das Wassergas werde so ziemlich alle anderen Brennstoffe verdrängen und eine centrale Erzeugung aller Wärme ermög-

[1]) v. Oechelhaeuser: Die Gasindustrie in den Vereinigten Staaten, S. 21.

[2]) v. Oechelhaeuser, a. a. O., S. 29.

lichen, ist daher eine Utopie. In Pettau kostet das Wassergas für technische Zwecke 10 kr. = etwa 16 Pf. pro cbm, ein Preis, der angesichts des niedrigen Heizwertes geradezu beispiellos hoch ist; er entspricht einem Preise von 20 kr. oder 32 Pf. pro cbm Kohlengas. Was die Verwendung blauen Wassergases für Beleuchtungszwecke angeht, so ist Herr Dr. Strache[1]) der Ansicht, dafs sein Preis pro cbm gemäfs dem angeblich höheren Beleuchtungswert höher anzusetzen sei als für Kohlengas; in der That kostet in Pettau 1 cbm Wassergas für Lichtzwecke 15 kr. = etwa 25 Pf., d. i. mehr, als kleine Leuchtgaswerke bei uns zu berechnen pflegen. Die angebliche Billigkeit des Wassergaslichts kommt also den Pettauern nicht zu gute; sie müssen nach Herrn Dr. Straches Rechnung gerade so viel oder nach richtiger Rechnung noch mehr bezahlen wie die Bewohner anderer Städte für Kohlengaslicht. Es wird sich nun zu zeigen haben, ob das Wassergaswerk in Pettau denn nun eine so viel bessere Rentabilität erzielen kann als Leuchtgaswerke ähnlichen Umfangs. Bei dem gedachten Preise hat übrigens der Produzent doch nicht die gleichen Brutto-Einnahmen wie bei Kohlengas, wegen des Fortfalls der Nebenprodukte, die, wie erwähnt, für jeden abgegebenen Kubikmeter noch 2 Pf. oder mehr einbringen. Um ungefähr ebenso viel sind, wie oben dargethan, die reinen Erzeugungskosten pro cbm Blaugas geringer als bei Kohlengas Daraus folgt, dafs der Verkaufspreis des reinen Wassergases für Beleuchtungszwecke demjenigen des Kohlengases gerade gleich gesetzt werden könnte, wenn der gleiche Reingewinn erzielt werden soll; denn es ist nicht abzusehen, weshalb die Posten, die jetzt beim Steinkohlengas den Unterschied zwischen den reinen Erzeugungskosten und dem Verkaufspreise pro cbm bedingen und die hauptsächlich aus Verwaltungskosten, Amortisation und Gewinn sich zusammensetzen, bei Wassergas niedriger sein könnten als bei Kohlengas. Es mögen zwar die Anlage-

[1]) Vgl. Journ. f. Gasbel. 1899, S. 110.

kosten einer Wassergasanstalt, bezogen auf den cbm Tagesproduktionsfähigkeit der Centrale, aber ohne das Rohrnetz, etwas geringer sein als die einer Kohlengasanstalt; wenn man sie jedoch auf den Heizwert der Tagesproduktion bezieht, so sind sie wahrscheinlich höher. Aufserdem wird das Rohrnetz einer Wassergasanstalt wegen des niedrigen Heizwerts und des hohen specifischen Gewichts des Wassergases und weil innen asphaltierte und verzinkte Röhren verwendet werden müssen, verhältnismäfsig kostspieliger als bei einer Kohlengasanstalt gleichen Umfangs.[1])

Was nun das karburierte, d. h. durch Zusatz von Öl- oder Benzoldampf leuchtend und heizkräftig gemachte Wassergas angeht, so hat Herr Dicke in seinem Dürener Vortrag eine Rechnung aufgemacht, wonach dessen Erzeugungskosten 3,09 Pf. pro cbm betragen und um 1,11 Pf. geringer sein sollen als die Erzeugungskosten des Leuchtgases in einer nicht genannten grofsen deutschen Stadt. Wenn nun diese Rechnung richtig wäre, so könnte in der betr. Stadt infolge Beimischung von 20% solchen Wassergases zum Steinkohlengas ohne Beeinträchtigung der jetzigen Überschüsse der Gaspreis um 0,22 Pf., also noch nicht einmal um ein Viertel eines Pfennigs, ermäfsigt werden! Aber die Rechnung ist nur auf der einen Seite, beim Kohlengas, vollständig; auf der anderen Seite fehlen, wie bereits nachgewiesen, mehrere Posten. In Wirklichkeit ist durch die praktische Erfahrung in England und Amerika dargethan, dafs karburiertes Wassergas

[1]) Aus diesen Gründen werden auch die Hausinstallationen für Koch-, Heiz- und Kraftzwecke bei reinem Wassergas teurer als bei Kohlengas. Ein Gasbadeofen z. B., der für Kohlengas eine 10flammige Gasuhr voraussetzt, braucht für Wassergas eine 20flammige. Das höhere specifische Gewicht macht sich übrigens schon beim Zusatz von karburiertem Wassergas zu Kohlengas geltend und zwingt dann, da man doch die vorhandenen Rohrnetze nicht erweitern kann, dazu, höheren Druck zu geben. Vgl. den Bericht von Dr. Hipper über die Anlage in Bremen, Journ. f. Gasbel. 1899, S. 257.

nicht billiger hergestellt werden kann als Steinkohlengas, namentlich wenn es denselben Heizwert haben soll. Herr Dr. Bunte bestätigt dies für Amerika in seinem oben erwähnten Reisebericht S. 17 mit den Worten: »Trotzdem — (nämlich trotz sehr grofser Ersparung an Arbeitskräften und Arbeitslöhnen) — scheinen im allgemeinen die Kosten für Wassergas, alles in allem gerechnet, auf gleiche Lichtmenge bezogen, nicht wesentlich niedriger zu sein als bei Steinkohlengas, und es sind wesentlich andere Vorteile: u. a. hohe Leuchtkraft des Gases, rasche Gasproduktion und leichte In- und Aufserbetriebsetzung der Apparate, geringerer Aufwand von Anlagekapital und Unterhaltungskosten, geringe Arbeiterzahl, vorteilhafte Verwendung von Gascoke, bei mangelhaftem Absatz desselben und andere mehr lokale Verhältnisse, welche dem Wassergas den Vorzug verschaffen.«[1]) Für England ist meine Behauptung u. a. in höchst drastischer Weise in den 1892er Verhandlungen des Incorporated Institute of Gas Engineers bestätigt: Die Herren Goulden und Paddon hielten einen Vortrag über den Betrieb der Wassergasanstalt in den Beckton-Works (London), worin alles mögliche besprochen wurde, nur nicht die Kostenfrage. Der Präsident, Mr. Hunt, eröffnete daher die Diskussion mit der Bitte um Auskunft über diesen Punkt, und Mr. Goulden gab dann als Selbstkosten bis zum Behälter, mit Verwaltung, aber ohne Amortisation, den Betrag von 6,63 Pf. pro cbm an, worauf ihm erwidert wurde, dies seien

---

[1]) Vorübergehend mögen wohl die Preise der Petroleumrückstände und Öle, die zur Karburierung dienen und einen grofsen Teil der Kosten ausmachen, so niedrig gestellt gewesen sein, dafs sie die Herstellung von Wassergas billiger erscheinen liefsen; im allgemeinen aber werden die Preise jener Karburiermittel vom Petroleumring »kontrolliert«, d. h. auf solcher Höhe gehalten, dafs man zwar mit Wassergas gegen Kohlengas konkurrenzfähig bleibt, aber nicht mehr daran verdient. In dieser Abhängigkeit von den Ringen und Syndikaten liegt eine grofse Gefahr für die nur karburiertes Wassergas liefernden Gaswerke.

just auch die Selbstkosten für gleichwertiges Steinkohlengas! Noch ganz kürzlich (Anfang Mai 1899) gab Mr. Botley von Hastings in dem oben erwähnten Vortrag über seine Betriebserfahrungen die Selbstkosten bis zum Behälter für 16kerziges ölkarburiertes Wassergas zu rund 5 Pf. pro cbm an, jedoch ohne Einschlufs der Reinigung.

Da der Hinweis auf Amerika und die dortige Verbreitung des Wassergases neuerdings wieder häufiger als Argument für die Zweckmäfsigkeit der Errichtung von Wassergasanstalten benutzt wird, so mufs, um keine irrtümlichen Anschauungen aufkommen zu lassen, auch wieder einmal betont werden, dafs das Gas in Amerika durchweg nicht billiger ist als bei uns, und dafs trotzdem die Rentabilität der Gaswerke nicht besser ist als hier zu Lande, was indirekt die Richtigkgit des Satzes beweist, dafs karburiertes Wassergas wirtschaftlich nicht vorteilhafter ist als Steinkohlengas. Der Reisebericht von Herrn Dr. Bunte enthält eine Liste mit den Gaspreisen zahlreicher Städte in den Vereinigten Staaten. Danach ist das Gas in New York, wo sehr viel Wassergas verbraucht wird, teurer als in Berlin, in Philadelphia teurer als in Hamburg oder Bremen; die Preise betragen nämlich 17,6, bezw. 21,2 Pf. pro cbm. Den niedrigsten Preis hatte Cleveland, nur 11,3 Pf., aber, wie Herr v. Oechelhaeuser mitteilt (S. 30 des Reiseberichts), für Steinkohlengas! Für Kraft- und Heizzwecke wird nach demselben Verfasser das Gas in Amerika der Regel nach zu 12 bis 15 Pf. hergegeben, also ungefähr wie bei uns.

Dafs die Einführung des karburierten Wassergases als Zusatz zu Steinkohlengas in England, wo reines Wassergas überhaupt nicht central verteilt werden darf und wo nur eine einzige Anstalt besteht, die nur karburiertes Wassergas abgibt, keinen Einflufs auf die Gaspreise oder die Rentabilität der Gaswerke gehabt hat, steht fest.

Bei dem Hinweis auf die Ausbreitung des Wassergases in Amerika und England sollte man sich übrigens vor Einseitigkeit hüten und nicht blofs die Zahl und Leistungsfähigkeit der in einem gegebenen Zeitraum gebauten Wassergaswerke addieren, sondern auch die der gleichzeitig errichteten Kohlengasanstalten. Denn das alte Leuchtgasverfahren ist in Amerika nicht aufgegeben worden, vielmehr scheint es neuerdings sogar wieder lebhaftere Fortschritte zu machen, weil die wirtschaftlichen Bedingungen ihm günstiger geworden sind. Einen besonders typischen Fall dieser Art berichtet »Progressive Age« in seiner Nummer vom 1. Mai 1899: »Die Consumers Gas Company von Johnstown, Pa., erwägt das Projekt der Errichtung einer neuen Kohlengasanstalt für 600 000 cbf Tagesproduktion. Die gegenwärtige Anlage hat eine Leistungsfähigkeit von 250 000 cbf. Die Gesellschaft erzeugt und verteilt zur Zeit seit längeren Jahren Wassergas, und man erfährt, dafs sie durch die erhöhten Ölpreise zu dieser Abschwenkung veranlafst wurde.« Das wäre also ein Fall von Verdrängung des Wassergases durch Kohlengas; dabei liegt Johnstown in nächster Nähe der pennsylvanischen Ölfelder und Anthracitlager, also für den Wassergasprozefs äufserst günstig. Auch in Boston wird das karburierte Wassergas in naher Zeit die Vorherrschaft verlieren. In England dient das karburierte Wassergas der Hauptsache nach als Zusatz zum Steinkohlengas: wie wenig Aussichten es dort hat, als Ersatz für das alte Leuchtgas in Aufnahme zu kommen, beweist u. a. das Vorgehen Edinburghs. Dort wurde vor zwei Jahren zur schnellen Erweiterung der wegen des ungeahnt rasch und stark gestiegenen Verbrauchs nicht mehr ausreichenden städtischen Gaswerke eine grofse Wassergasanlage von rund 2 Millionen cbf täglicher Leistung erstellt. Aber in diesem Jahre beginnt der Neubau eines von Mr. Herring entworfenen grofsartigen Kohlengaswerkes für zunächst 18 Millionen cbf Tageserzeugung, bei welchem eine Erweiterung auf 42 Millionen vorgesehen ist. Neben diesem Werke wird das Wassergaswerk eine sehr bescheidene Rolle spielen, wenn es überhaupt nach Vollendung des Neubaues noch im Betriebe bleiben wird. Übrigens liegen in Deutschland die Verhältnisse auch nichts anders: Bremen und Königsberg haben zwar Wassergasöfen in ihren alten, nicht mehr ausreichenden

Gasanstalten aufgestellt, aber beide Städte bauen zur Zeit neue Steinkohlengaswerke, Bremen für zunächst $4^2/_3$ Millionen Mark, Königsberg für rund 6 Millionen Mark. Diese Städte sind daher keineswegs, wie Herr Geitel in der Vorrede der zweiten Auflage seiner Schrift »Das Wassergas und seine Verwendung in der Technik« (Berlin 1899, Siemens) meint, »zur Wassergasbeleuchtung übergegangen«. Ihr Festhalten am alten Kohlengase wäre aber doch geradezu unverantwortlich, wenn das Wassergas in Anlage und Betrieb so viel vorteilhafter wäre, wie neuerdings so oft behauptet wird!

Die bisher angeführten Thatsachen dürften im Gegensatz zu den auf Annahmen und Schätzungen beruhenden Berechnungen der Reklame-Artikel und -Broschüren zur Genüge darthun, dafs auch die vielgerühmte wirtschaftliche Überlegenheit des Wassergases gegenüber dem alten Leuchtgas in Wirklichkeit nicht vorhanden und also auch von diesem Gesichtspunkte aus die Prophezeiung falsch ist, das Wassergas vermöge »mit durchschlagendem Erfolge die Erbschaft des Steinkohlengases .... anzutreten« (Geitel: Das Wassergas u. s. w., S. 116). Wer ruhig und unbefangen die thatsächlichen Verhältnisse überblickt und erwägt, wird finden, dafs die vom Wassergas erträumten Leistungen, wie Verdrängung aller Feuerstellen und sogar aller Dampfkessel durch centrale Verteilung, überhaupt wirtschaftlich unmöglich sind.

Die Hauptgründe, die in Amerika und England und neuerdings, seitdem in dem Benzol ein in genügender Menge und zur Zeit auch zu mäfsigem Preise[1]) erhältliches Karburiermittel

---

[1]) Nach den Erfahrungen aus dem letzten Jahrzent bleibt aber die Abhängigkeit des Wassergasverfahrens vom Benzol-Syndikat immerhin unangenehm; denn als es im Jahre 1893 in Dessau und München gelungen war, Benzol als Ersatz für Kannelkohle zur Anreicherung von Kohlengas anzuwenden und zahlreiche Gasanstalten die dazu nötigen Apparate angeschafft hatten, wurde alsbald der Benzolpreis von etwa M. 25 auf über M. 100 für 100 kg hinaufgesetzt, worauf die Karburierung mit Benzol zumeist eingestellt werden mufste.

vorliegt, auch in Deutschland zur Erstellung von Wassergasöfen in vorhandenen Gasanstalten veranlafsten, sind nicht wirtschaftlicher, sondern praktisch-technischer Natur, wie dies schon aus dem Citat aus Herrn Dr. Buntes Reisebericht hervorgeht,

Es sind folgende vier: Ein infolge von Unentschlossenheit und Zauderpolitik städtischer Verwaltungen oder durch ungeahnt schnelle Steigerung der angeschlossenen Flammenzahl an der Grenze seiner Leistungsfähigkeit angelangtes Gaswerk ist durch Errichtung einer ergänzenden Wassergasanlage schneller und mit etwas weniger Raum- und Kapitalbedarf zu erweitern, als durch Erbauung neuer Retortenöfen. (Hierzu mufs jedoch bemerkt werden, dafs eine ausschliefslich karburiertes Wassergas erzeugende Anstalt doch nicht so sehr viel weniger Raum und Kapital erfordern würde, als vielfach angenommen wird; jedenfalls ist das von Herrn Geitel [a. a. O. S. 19] angegebene Verhältnis von 1 : 5 [M. 600000 zu M. 3000000] sehr stark übertrieben.) Ferner braucht eine derartige ergänzende Anlage weniger Bedienung und kann im Notfall (aber auch nur dann! Für gewöhnlich erfordert sie nach Botley »nüchternes, intelligentes, aufmerksames« Personal) auch durch ungelernte Arbeiter im Betrieb gehalten werden, bildet also gewissermafsen ein Gegengewicht gegen Streikgelüste. Die Rücksicht hierauf war, wie Goulden in seinem oben erwähnten Vortrag hervorhob, in London schon im Jahre 1890 von grofsem Einflufs. Ferner bietet für manche Gasanstalt, deren Cokeabsatz mit dem vermehrten Gasverbrauch nicht gleichen Schritt hielt, eine ergänzende Wassergasanstalt eine Möglichkeit, einen grofsen Teil der Coke im Winter selbst zu verbrauchen, also das Anwachsen der Cokeberge und die daraus sich ergebende Raumversperrung zu verhüten und zugleich den Cokepreis etwas zu regulieren. Dies ist für manche Gasanstalten, denen es nicht gelungen ist, die Cokeheizung in ihrem Versorgungsgebiet einzuführen, von so hohem Wert, dafs dieser Gesichtspunkt wohl oft ausschlaggebende Bedeutung erlangen dürfte. Es wird wohl zutreffen, dafs in solchen

Fällen die Vergasung der Coke für die Gasanstalt vorteilhafter ist als ihr Verkauf. Aber es wird auch nicht bestritten werden können, dafs es praktisch und volkswirtschaftlich und auch vom Standpunkt der Rauchverhütung aus doch wünschenswerter wäre, die Cokeheizung in Haushalt, Gewerbe und Industrie zu fördern, als die Coke zu vergasen, denn die Cokefeuerung kann erwiesenermafsen für Zimmer- und Centralheizung und für viele gewerbliche Zwecke gegen die Kohlenheizung mit Erfolg in Wettbewerb treten, während die Gasheizung dies nur in Sonderfällen und deshalb bei weitem nicht in gleichem Umfang und mit gleichem Vorteil kann und will. Eine Gasanstalt kann durch Cokelieferung in sehr viel bedeutenderem Mafse Wärmecentrale sein als durch Gasabgabe; denn in der Coke liefert sie dem Konsumenten 5000 und mehr Wärmeeinheiten für 1 Pf., während sie die gleiche Wärmemenge in Gasform erst für 8, 10, 12 oder mehr Pfennige abgeben kann. Die Hoffnung, durch Zusatz von karburiertem Wassergas werde man die Verkaufspreise für Heiz- und Kraftzwecke ohne Beeinträchtigung der jetzigen Überschüsse herabsetzen können, ist oben an dem von Herrn Dicke gegebenen Beispiel als trügerisch nachgewiesen; dafs aber auch reines Wassergas nicht entfernt so billig abgegeben werden kann, dafs es gegen die Cokefeuerung aufzukommen vermöchte, geht aus dem Verhältnis eines Heizwerts zu den Herstellungskosten (1 cbm mit 2500 Wärmeeinheiten kostet ja nach Herrn Dickes äufserst günstiger Annahme 0,7 Pf. ohne jede Amortisation, ohne Verteilungs- und Verwaltungskosten, ohne Berücksichtigung der Verluste im Rohrnetz u. s. w.), aus dem Gaspreise in Pettau und den Erfahrungen der amerikanischen Heizgascentralen hervor. Der Unterschied im Nutzeffekt einer Coke- und einer Wassergasfeuerung kann nur so wenig ausgleichend wirken, dafs diese praktisch immer etwa vier- bis fünfmal so teuer zu stehen kommt als jene, selbst wenn das Wassergas für Heizzwecke ganz ohne Nutzen abgegeben würde. Es sind also auch im Hinblick auf die Cokeverwertung die Vorteile keineswegs ganz und ausschliefslich auf seiten des Wassergases. Überdies ist die Errichtung eines Wassergasofens nicht der einzige Ausweg für Gasanstalten mit schwierigem Coke-absatz. Man kann ja die Coke auch in Generator- oder Dowson-Gasanlagen vergasen und mit solchen Gasen grofse Gasmotoren betreiben, was z. B. in Weimar und Basel geschieht, in Weimar für den Betrieb der elektrischen Bahn- und Lichtcentrale, in Basel für den Betrieb des Wasserwerkes (360 PS) und den der elektrischen Centrale (vorläufig 500 PS). Ähnliche Anlagen bestehen und entstehen zur Zeit an vielen anderen Orten. Es verdient besondere Hervorhebung, dafs solche Kraftgas-anlagen wirtschaftlich vorteilhafter sind als Wassergas-Kraftbetriebe; denn das Wassergas arbeitet im Gasmotor weniger günstig als das Dowson-Gas, und zwar wegen eines höheren Gehaltes an Wasserstoff, welcher im Motor zu Wasserdampf verbrennt und als solcher viel Wärme unausgenutzt mit fortnimmt. Auch praktisch ist der Dowson-Betrieb bequemer und erprobter als der Wassergasbetrieb. — Endlich kann als Grund für die Errichtung von Wassergas-anlagen zur Ergänzung von Kohlengasanstalten ihre schnelle Betriebsbereitschaft gelten, die an Orten, wo sich der wahrscheinliche Gasverbrauch nicht einige Tage voraussehen läfst, von beträchtlichem Wert ist. In London z. B., wo oft ganz unvermutet starke Nebel auftreten, welche den Licht-bedarf plötzlich verdoppeln und verdreifachen, entlasten die Wassergasöfen jedenfalls in sehr angenehmer Weise die Gas-behälter. In Orten aber, wo solche völlig unvorhergesehene Schwankungen nicht vorkommen und die natürliche Zu- und Abnahme des Verbrauchs durch eine ordentliche Anschlufs- und Abgabestatistik vorausbestimmt werden kann, ist durch Vergröfserung des Behälterraumes eine Reserve mit weniger Kapitalaufwand zu schaffen, als durch Errichtung eines ergänzenden Wassergasofens, die immerhin eine Erschwerung des Betriebs mit sich bringt, weil sie für den Arbeiterstamm die Vertrautheit mit zwei grundverschiedenen Vergasungsmethoden voraussetzt.

Was sonst noch an praktischen Vorteilen und Annehmlichkeiten des Zusatzes von Wassergas zum Leuchtgas hervorgehoben wird, hat nur geringere Bedeutung. Es soll sich z. B. in Königsberg herausgestellt haben, dafs aus dem mit 20 bis 30 % karburierten Wassergas versetzten Steinkohlengas das sonst so störende Naphthalin sich nicht mehr ausscheidet. Vorausgesetzt, dafs dies richtig ist, so wäre doch der Wassergaszusatz jetzt nicht mehr das einzige Mittel, die lästigen Naphthalin-Verstopfungen durchaus unmöglich zu machen; denn von dem durch Young und Glover und durch Irwin in England und unabhängig von ihnen durch Dr. Bueb in Deutschland ausgebildeten Verfahren, Naphthalin in der Gasanstalt durch Waschen des Gases in mit Benzol gesättigtem Schweröl auszuscheiden, ist durch praktische Erfahrungen aus Grofsbetrieben erwiesen, dafs es keine Naphthalinstörungen mehr aufkommen läfst. Wenn ferner Herr Dicke meint, die Herstellung von Mischgas gewähre eine gröfsere Unabhängigkeit von der Qualität der den Gasanstalten gelieferten Kohlen, so ist dies nicht ganz zutreffend. Denn eine Gasanstalt, die laut Vertrag oder Ortsstatut ein Gas von bestimmter Leuchtkraft liefern mufs, kann sich, wenn sie einmal schlechte Kohlen erhält, mit reinem Wassergas allein nicht helfen, sondern braucht dazu entweder hoch karburiertes Wassergas oder richtiger nur die darin enthaltenen Benzoldämpfe. Da nun bei den jetzigen Preisen die Aufbesserung von ungemischtem Kohlengas durch Benzol wieder wirtschaftlich möglich ist, so kann das Benzol allein eben so gut wie in Wassergas gelöst helfend einspringen. Viel gröfsere Bedeutung kommt aber in dieser Hinsicht dem von Herrn Direktor Dieckmann in Magdeburg neuerdings wieder in Flufs gebrachten Vorschlag zu, die Anforderungen an die Leuchtkraft des Steinkohlengases im veralteten Schnittbrenner herabzusetzen. In seinem die Kasseler Jahresversammlung am 19. Juni 1899 eröffnenden Vortrag nahm Herr v. Oechelhaeuser auf diese Anregung Bezug und teilte mit, dafs im Laboratorium der Deutschen Continental-Gas-Gesellschaft in Dessau Versuche über das Verhalten lichtschwacher Kohlengase gemacht worden seien und zwar mit folgenden Ergebnissen:

»1. Eine Entleuchtung des Dessauer Steinkohlengases für den Hohlkopf-Schnittbrenner von 15 auf 2 HK ergab statt einer Verminderung sogar eine Erhöhung der Lichtstärke des Auerlichts, und zwar von 76 auf 84 HK; also einer allmählichen Verminderung der Leuchtkraft im alten Brenner um 86% entsprach im neuen (Gasglühlicht-) Brenner mit demselben Gase eine Erhöhung um mehr als 11%.«

»2. Eine Verminderung der Heizkraft mit abnehmender Lichtstärke im Schnittbrenner mufste erwartet werden und trat selbstverständlich ein, aber in so geringem Grade, dafs es für die Praxis keine Bedeutung hat; denn der Herabminderung der Leuchtkraft im Schnittbrenner von 86% stand nur eine Verringerung der Heizkraft um höchstens 8% gegenüber.«

»Diese Resultate scheinen aufs neue die Richtigkeit der Ansicht darzuthun, dafs wir in der That darauf bedacht sein sollen, die Qualität unseres Steinkohlengases hauptsächlich darauf einzurichten, dafs wir das beste und billigste Licht, und zwar durch Heizgas im Glühlichtbrenner, schaffen.«

Der hier erwähnte und mit 104 l stündlichem Gasverbrauch erzielte Lichteffekt des im Schnittbrenner lichtschwachen Gases (84 HK im Auerbrenner) ist viel günstiger als der mit reinem Wassergas angeblich erreichbare (100 HK mit 150 l stündlichem Verbrauch). Der gar keinen Kapitalaufwand erheischende Übergang von sog. Fünfzehnkerzengas zu solchem von 10, 8 oder weniger HK würde daher der Zumischung von reinem oder benzolkarburiertem Wassergas vorzuziehen sein. Er würde aufserdem die Gasanstalten nicht blofs vom Kohlensydikat minder abhängig, sondern auch vom Benzolsyndikat ganz unabhängig machen.

Die praktisch-technischen Vorteile des Wassergasverfahrens sind nach alledem nicht ganz so bedeutend, wie seine Vorkämpfer angeben, kommen ihm zum Teil auch nicht allein zu. Überdies stehen ihnen auch gar nicht wenige

Unannehmlichkeiten gegenüber. Mr. Botley hat in seinem mehrfach erwähnten Vortrag ihrer so viele aufgezählt, in erster Linie die Staubbelästigung innerhalb und aufserhalb des Betriebes, dafs einer seiner Zuhörer in der Diskussion meinte, diese Menge von Schwierigkeiten könne geradezu von der Einführung des Wassergases abschrecken. Es braucht jedoch hier nicht näher auf dieselben eingegangen zu werden, da der Hauptzweck dieses Aufsatzes die Zurückweisung der unrichtigen und der Sache des Wassergases selbst schädlichen übertriebenen Angaben über seine wirtschaftliche Bedeutung war. Auf die praktisch-technische Seite der Frage einzugehen, wird sich später Gelegenheit geben, wenn die Erfahrungen von Bremen, Erfurt, Königsberg und anderen Orten vorliegen.